가짜 뉴스를 막아라!

가짜 뉴스를 막아라!

1판 1쇄 2024년 3월 11일

지은이 신은영 **그린이** 고담

펴낸이 모계영 **펴낸곳** 가치창조
출판등록 제406-2012-000041호
주소 경기도 고양시 일산동구 중앙로 1347 쌍용플래티넘 228호
전화 070-7733-3227 **팩스** 031-916-2375
이메일 shwimbook@hanmail.net
ISBN 978-89-6301-331-2 73810

ⓒ 신은영, 고담 2024

★ 이 책의 내용과 그림은 무단 복제하여 사용할 수 없습니다.
★ 잘못된 책은 구입하신 서점에서 바꿔 드립니다.

단비어린이는 가치창조 출판그룹의 어린이책 전문 브랜드입니다.

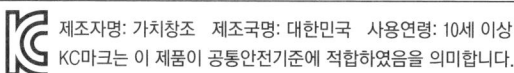
제조자명: 가치창조   제조국명: 대한민국   사용연령: 10세 이상
KC마크는 이 제품이 공통안전기준에 적합하였음을 의미합니다.

가짜 뉴스를 막아라!

신은영 글 · 고담 그림

단비어린이

작가의 말

유튜브를 보다가 깜짝 놀란 일이 있었습니다. 유명 배우 부부가 도박 때문에 이혼을 했다는 영상을 봤거든요. 단란한 가정을 이룬 지 오래되지 않은 터라 충격이 클 수밖에 없었습니다. 그런데 해당 유튜브 채널의 다른 영상을 보니 절로 고개가 갸웃거리더군요.

'배우 ○○○ 깜짝 결혼 발표'
'가수 ○○○과 ○○○ 12월 결혼'
'연예인 ○○○ 사망'

온갖 자극적인 제목들이 이어졌습니다. 포털 사이트에 검색을 해 봐도 그와 관련된 뉴스는 전혀 보이지 않았습니다. 가짜 뉴스였던 거지요. 시청자들이 댓글로 항의하는데도 유튜버는 영상을 삭제하지 않았습니다. 제목에 끌려 클릭하는 사람들이 많고, 그 덕분에 막대한 수익을 얻기 때문이겠죠.

미디어의 발달로 가짜 뉴스의 전파 속도가 놀랄 만큼 빨라졌습니다. 문화체육부 장관이 가짜 뉴스에 관해 이렇게 말한 적이 있습니다.

"가짜, 거짓 뉴스의 전염력과 전파력은 의학적인 전염병보다 속도가 빠르며, 변종과 재가공 형태도 교묘하고 집요하다."

특히 부정적인 뉴스에 더욱 민감하게 반응하는 인간의 속성 때문에 가짜 뉴스는 순식간에 퍼집니다. 유명인에 관한 가짜 뉴스는 한 개인의 삶을 송두리째 바꿔 버리기도 하고, 기업이나 정부에 관한 가짜 뉴스는 엄청난 경제적 손실을 가져오기도 합니다. 심각한 가짜 뉴스 외에 생활 속 가짜 뉴스들도 다양한 문제들을 일으키기 마련이죠.

이 동화를 통해 아이들이 가짜 뉴스의 심각성을 인식했으면 좋겠습니다. 또한 진짜와 가짜 사이에서 진짜를 가려내는 현명함을 발휘하길 기대합니다.

동화 작가 신은영

차례

1. 신상 메뉴 vs 신상 딱지 13

2. 우리끼리 비밀이야! 24

3. 진짜 신문 37

4. 취재 회의 53

5. 특종 63

6. 의심 신문 63

7. 쥐쥐치킨 71

8. 신고합시다! 81

9. 인터넷 기사 96

10. 팩트 신문 102

신상 메뉴 vs 신상 딱지

"어제 꼬꼬치킨에서 치킨 주문해서 먹었는데 정말 꿀맛이었어!"

생각만 해도 침이 고이는지 소은이가 추르르릅 소리를 내며 말했다.

"너 박기자 친구라고 말했어?"

다진이가 얼른 물었다.

"그럼 당연하지."

소은이 대답에 짝꿍 경재가 눈을 끔뻑였다.

"꼭 박기자 친구라고 말해야 하는 거야?"

"경재 너 몰랐어? 박기자 친구라고 하면 기자 아빠가 신상 메뉴를 서비스로 주잖아. 어젠 치즈볼을 줬는데 안에 치즈가 얼마나 많이 들었는지 몰라."

두 팔을 쭉 펼쳐 치즈가 늘어난 길이를 설명하는 소은이를 보며 경재가 입맛을 쩝 다셨다.

"꼬꼬치킨이 우리 동네에서 최고지. 기자는 좋겠다. 그 맛있는 치킨을 매일 먹을 수 있잖아."

다진이가 기자 쪽을 흘깃 쳐다보며 말했다.

"쳇! 그러면 뭐 해! 맨날 나한테 딱지치기도 지는걸."

일부러 들으라는 듯 경재가 목소리를 높였다. 순간 기자 어깨가 획 당겨지더니 가늘게 떨리는 게 보였다. 방금 전까지 치킨 생각에 심통이 났던 경재 입꼬리가 쓱 올라갔다.

쉬는 시간, 기자가 경재 쪽으로 뚜벅뚜벅 걸어왔다.

"안경재! 너 또 신상 왕딱지 가져왔냐?"

"어떻게 알았어?"

슬쩍 새어나오는 웃음을 지우며 경재가 물었다.

"신상 왕딱지 가져온 날은 늘 네가 내 신경을 긁어 대니까 알지."

기자가 톡 쏘아붙였다. 그때, 도준이가 쪼르르 달려와 말했다.

"경재 넌 참 좋겠다. 아빠가 행복문방구 주인이니까 신상 왕딱지를 얼마든지 가질 수 있잖아. 우리 아빠도 회사 다니지 말고 문방구 하면 좋겠다."

"난 기자가 더 부러운데? 꼬꼬치킨집 아들이니까 매일 치킨도 먹고, 신상 메뉴는 뭐든지 다 맛볼 거 아냐?"

소은이 말에 기자 턱이 쓱 올라가자 경재가 재빨리 입을 열었다.

"기자 너, 왕딱지 가져왔지? 내 신상이랑 한판 붙자!"

"이번엔 어떤 왕딱지길래 그래? 지난번에 자신만만하다가 나한테 막판 역전패 당했던 거 기억나지? 오늘도 지고 나서 매달리면 곤란해!"

기자가 낄낄 웃음소리를 내자 경재 콧구멍이 커다래졌다.

"딱 한 번 이긴 거 가지고 도대체 언제까지 말할 셈이야? 얼른 왕딱지나 꺼내!"

"기다려!"

비장한 얼굴로 자리로 돌아간 기자가 가방에서 왕딱지를 꺼내 왔다.

척!

바닥에 왕딱지를 내려놓은 순간, 모여든 아이들 눈이 동그래졌다.

"이거 못 보던 건데?"

노란 왕딱지를 뒤집어 보며 미루가 물었다.

"어제 옆 동네 다팔아문방구 가서 산 거야."

기자가 일그러진 경재 얼굴을 흘깃 쳐다봤다.

경재네 행복문방구 대신 다팔아문방구에서 샀다는 말이 마음에 안 드는 모양이었다. 뾰로통하게 모아진 경재 입술을 보자 기자 기분이 슬쩍 좋아졌다.

"우와! 이거 엄청 두껍고 강력해 보이는데?"

이리저리 살펴보던 도준이가 감탄사를 섞어 말하자 경재 코가 씰룩씰룩 춤을 췄다.

"경재 너도 얼른 꺼내!"

아이들 말에 경재가 가방에서 천천히 왕딱지를 꺼내 바닥에 내려놓았다.

척!

"세상에! 색깔 좀 봐!"

"무지개 색깔에 두께도 기자 거보다 훨씬 두껍잖아!"

"내가 지금껏 본 왕딱지 중 단연 최고야!"

경재 왕딱지를 돌려보는 아이들 눈이 휘둥그레졌다. 그러는 동안 긴장한 기자가 발을 툭툭 차 댔다.

"자! 기자 네가 먼저 공격해!"

자신만만한 목소리로 경재가 말하자, 기자 입술이 살며시 틀어졌다.

"좋아! 잘 보고 한 수 배우라고!"

뾰족한 턱을 치켜들며 기자가 말하자 아이들이 키득키득

웃음을 흘렸다. 온몸의 힘을 끌어모아 기자가 노란 왕딱지를 세차게 내리쳤다.

휘익!

아주 살짝 몸을 들썩였을 뿐, 무지개 왕딱지는 낮잠 자듯 여유로워 보였다.

"역시 두꺼운 왕딱지는 못 이긴다니까?"

"경재 건 울트라 초강력 슈퍼 파워 왕딱지가 틀림없어!"

"너무 시시하게 경재가 이기겠는걸?"

아이들 말이 보태질 때마다 기자 입매가 점점 더 일그러졌다.

"그럼 이번엔 내가 실력 발휘 좀 해 볼까?"

경재가 입꼬리 한쪽을 씩 올리며 기자를 쳐다봤다. 곧이어 경재 손이 쏜살같이 솟아올랐다. 신상 왕딱지가 둔탁한 소리를 내며 기자의 노란 왕딱지 등을 사정없이 내려쳤다.

휘이이이이익!

노란 왕딱지가 버티지 못하고 공중으로 날아올랐다.

"안 돼!"

얼떨결에 기자가 손을 내미는 바람에 노란 왕딱지가 넘어가지 못하고 그대로 풀썩 주저앉았다.

"박기자! 너 반칙이야!"

경재가 인상을 쓰며 소리쳤다.

"반칙이라니? 우연히 내 손에 맞았을 뿐이야."

동의를 구하듯 기자가 도준이와 미루 쪽으로 몸을 틀었다.

"그래, 기자가 일부러 그런 것 같진 않아."

손사래를 치며 도준이가 말했다.

"우연이겠지. 이제 기자 차례야. 빨리 해."

미루도 기자 편을 들며 재촉했다. 입술을 질끈 깨문 경재가 씩씩거리는 소리를 내자, 기자가 후다닥 왕딱지를 들어올렸다.

"에취!"

그 순간 경재가 어색하게 재채기를 하며 기자 어깨를 밀쳐 버렸다.

데구르르!

힘없이 굴러간 노란 왕딱지가 툭 멈춰 섰다.

"안경재! 너 일부러 그랬지?"

기자가 사납게 쏘았다.

"일부러라니? 이건 우연일 뿐이야. 아까 너처럼 말이야!"

경재가 옆에 앉은 현재, 소은이, 다진이 쪽으로 몸을 틀어 말했다.

"그래, 일부러 재채기하는 사람이 어딨어!"

"기자처럼 경재도 우연히 그런 거겠지."

"이제 공평해진 거네."

편들어 주는 친구들 덕분에 경재 얼굴이 환해졌다.

"안경재, 너 거짓말인 거 다 알아! 나 안 해!"

기자가 얼른 노란 왕딱지를 쥐고 몸을 일으켰다.

"쳇! 질 것 같으니까 도망가는 거지?"

경재가 키득키득 웃어 댔다.

"도망가는 거 아냐! 너 같은 거짓말쟁이랑은 게임하고 싶지 않은 거라고."

　아이들 눈치를 살피며 기자가 자리로 돌아갔다.

"박기자, 도망가는 거 누가 모를 줄 알고?"

　기자 뒤통수를 째려보며 경재가 중얼거렸다.

"안경재, 울트라 초강력 슈퍼 파워 거짓말쟁이 같으니!"

　기자가 억울하다는 듯 몸을 부르르 떨었다.

우리끼리 비밀이야!

하교하는 길, 도준이, 미루랑 놀이터를 지나던 기자가 눈매를 늘렸다.

"저기 은재랑 유리 아냐? 우리도 같이 놀다 가자."

기자를 따라 도준이, 미루가 후다닥 뛰어갔다.

"너희들 뭐 하고 있어?"

그네에 앉은 은재와 유리가 기자 쪽으로 시선을 모았다.

"진실게임!"

진지한 얼굴로 유리가 말하자 기자, 도준이, 미루 눈에 호기심이 들어찼다.

"진실게임? 그거 재밌겠다. 우리도 같이 하자!"

도준이가 그네 옆 바닥에 척 자리를 잡고 앉자 미루도 냉큼 엉덩이를 내려놓았다. 가만히 지켜보던 은재와 유리가 키득대며 바닥에 앉았고, 마지막으로 입매에 웃음을 매달은 기자도 쿵 소리를 내며 내려앉았다.

"진실게임은 어떻게 하는 건데?"

궁금해서 못 참겠다는 듯 기자가 유리에게 물었다.

"돌아가면서 질문하고 대답하는 건데, 일부러 곤란한 질문을 하는 거야. 대답하는 사람은 진실만 말해야 해. 만약 거짓말을 하면 표정이 바뀌겠지? 그럼 엉덩이로 이름 쓰는 벌을 받는 거야."

유리 설명에 다들 일제히 웃음을 터트렸다.

"엉덩이로 이름 쓰기 진짜 웃기겠다."

"난 엉덩이로 이름 잘 쓸 수 있는데."

"일단 거짓말을 들키지 말아야겠구나?"

다들 한마디씩을 보태던 중 기자가 손을 들어 올렸다.

"자, 이제 시작하는 거야. 내가 유리한테 먼저 질문할게."

긴장한 유리가 침을 꼴깍 삼켰다.

"나는 우리 반에 좋아하는 남자 아이가 있다?"

기자 질문에 아이들이 깔깔깔 웃으며 배를 잡았다. 유리는 다행이라는 얼굴로 생글거렸다.

"없다!"

유리 말에 모두 의혹의 눈길을 던졌지만, 유리가 시선을 피하지 않자 다들 수긍하는 눈치였다.

"자, 다음은 은재 차례! 이번엔 내가 질문할게."

도준이가 의기양양한 얼굴로 손을 번쩍 올렸다.

"나는 우리 반 친구의 엄청난 비밀을 알고 있다?"

이번에도 아이들이 웃음을 흘리며 즐거워했다. 그런데 어찌된 일인지 은재만은 입술을 쏙 말아 넣고 가만히 있었다.

"은재 너 왜 대답 안 해? 알고 있으면 '예스', 모르면 '노'라고 말하면 되잖아."

"혹시 진짜 누군가의 비밀을 알고 있는 거 아냐?"

"만약 진실이면 그 비밀도 말해야 하는 거야!"

아이들이 짓궂은 얼굴로 은재를 재촉하자, 할 수 없다는 듯 은재가 입을 열었다.

"너희들…… 비밀 지킬 수 있어? 아무한테도 말하지 않을 자신 있냐고."

웃음기를 지운 은재 얼굴을 들여다보며 다들 눈알을 또로록 굴렸다.

"그래! 약속해. 우리만의 비밀이니까 다른 사람한테는 절대 말하지 말기!"

기자가 얼른 대답했다.

"도대체 엄청난 비밀이 뭔데?"

"얼른 말해 봐."

"다른 사람한테 절대 말 안 한다니까."

아이들이 은재 쪽으로 머리를 모았다.

"다진이가 나한테만 말한 건데……."

거기까지 말하고 은재가 또다시 아이들을 빙 둘러봤다.

"다진이가 뭐? 빨리 말해!"

유리가 가슴을 쳐 대며 재촉했다.

"…… 1학년 때 짝꿍 샤프를 훔쳤대."

"뭐?"

"다진이 모범생 아니었어?"

"엄마한테 사 달라고 하면 되지, 남의 물건을 왜 훔쳐?"

"다진이한테 정말 실망이야."

한꺼번에 인상을 쓰며 아이들이 입매를 일그러뜨렸다.

"너희들 다진이 비밀…… 지켜 줄 거지?"

못 미더운지 은재가 거듭 물었다.

"물론이지. 걱정 마. 자, 이번엔 미루 차례! 미루한테도 똑같은 질문을 해 볼까?"

도준이가 장난처럼 말하자, 미루 표정이 쓱 굳어졌다.

"혹시 미루 너도 누군가의 엄청난 비밀을 알고 있으면 대답해 봐!"

아이들이 미루 얼굴을 빤히 쳐다봤다.

"비밀…… 지켜 준다고 했지?"

방금 전, 은재가 그랬던 것처럼 미루도 걱정스레 아이들 얼굴을 훑었다.

"그럼, 당연하지! 엄청난 비밀이 뭔데?"

기자가 미루 어깨를 살짝 밀며 웃었다.

"현재 말이야……."

"현재가 왜?"

호기심에 아이들이 바짝 붙어 앉았다.

"3학년 때까지…… 이불에 오줌을 쌌대……."

입술을 뾰족히 모으고 미루가 아이들 반응을 살폈다.

"뭐라고? 크하하하하하하!!!"

은재가 웃음을 터트리자, 아이들이 허리를 젖혀 크게 웃기 시작했다. 애매하게 눈알을 굴리던 미루도 피식 따라 웃었다.

"3학년이면 꼬마도 아닌데 자다가 오줌을 쌌단 말이지?"

"엄마한테 엄청 혼났겠다."

눈물까지 찍어 대며 아이들이 웃고 있던 중, 도준이가 툭 한마디 했다.

"현재 녀석, 또 다시 나한테 얄밉게 말하기만 해 봐. 오줌싸개라고 놀려 줘야지!"

그 말에 미루 어깨가 휙 솟아올랐다.

"안 돼! 절대 안 돼! 현재가 나한테만 말한 비밀이란 말이야. 절대 말하면 안 돼. 알겠지?"

"알았어."

걱정 말라는 듯 도준이가 씩 웃었다.

"진실게임 엄청 재밌다! 이제 학원 가야 해. 우리 다음에 또 하자!"

시간을 확인한 유리가 자리를 털고 일어났다. 곧이어 아이들 모두 손을 흔들며 흩어졌다.

"현재가 오줌싸개였다니, 엄청 웃기지 않나?"

도준이가 키득거리며 기자에게 말했다.

"그러게 말이야! 엄청난 비밀인데?"

현재 얼굴을 떠올리며 둘이서 신나게 웃었다.

그날 저녁, 갑자기 4학년 1반 단톡방이 분주해졌다.

"무슨 일이야? 갑자기 다진이랑 현재가 방을 나가 버렸어."

"어머, 정말 그러네? 왜 둘만 나간 거지?"

"인사도 없이 그냥 가 버린 거야?"

아이들이 고개를 갸웃거리는 동안, 유리와 도준이는 입술을 잘근잘근 씹어 댔다.

"사실은……."

유리가 할 말이 있다는 듯 뜸을 들였다.

"뭔데?"

"좀 전에 행복문방구 갔다가 우연히 다진이를 만났거든. 샤프를 고르고 있길래…… 나도 모르게 은재한테 들은 비밀을 흘렸지 뭐야…… 다진이가 얼굴이 벌겋게 달아오르더니 휙 가 버리더라고. 그렇다고 단톡방까지 나갈 줄은 몰랐지."

무거운 손놀림으로 유리가 전송 버튼을 눌렀다. 놀이터에서 함께 진실게임을 했던 아이들 입이 쩍 벌어졌다. 나머지 아이들은 그 비밀이 뭐냐며 묻고 추리하느라 난리가 났다.

"나도 사실…… 오후에 학원에서 현재랑 같이 수업 들었는데…… 내 덩치가 너무 커서 칠판이 안 보인다며 놀리는 거야. 문득 미루가 말해 준 게 생각나서, 나도 모르게 현재 비밀을 말해 버렸지 뭐야…… 미안…….”

입을 툭 내밀고 도준이가 톡을 보냈다. 이번에도 아이들이 현재 비밀이 뭐냐고 집요하게 물어 댔다. 진실게임을 했던 다섯 명은 볼을 부풀리고 가만히 아이들 반응을 살피고만 있었다. 그때, 경재가 도준이와 유리를 비난하고 나섰다.

"비밀이 뭐든지 간에 그걸 공유한 아이들은 물론, 대놓고 놀린 아이들 모두 진짜 비열한 거야!”

메시지를 읽은 다섯 명의 귓불이 후끈 달아올랐다. 마치 자신들을 향해 경재가 엄하게 꾸짖는 것만 같았다.

"안경재! 도준이도 유리도 일부러 그런 게 아니라고 했잖아. 실수한 거 가지고 너무 몰아세우는 거 아냐?”

신상 왕딱지로 얄밉게 굴던 경재 얼굴이 떠오르자 기자가 한마디 톡 쏘았다.

"실수? 그럼 실수 때문에 네가 상처를 입어도 다 용서해 줄 거야? 하긴 넌 일부러 왕딱지에 손대 놓고 실수라고 우기는 아이지?"

경재 말에 기자가 콧김을 훅 뿜었다.

"경재 너, 기자한테 말을 너무 심하게 하는 거 아냐? 사실 신상 왕딱지 덕분에 네가 이길 뻔한 거지, 기술은 기자가 너보다 훨씬 뛰어나잖아, 안 그래?"

도준이가 냉큼 기자 편을 들었다.
"그래, 경재 넌 행복문방구 아들이라 고작 신상 왕딱지로 잘난 체하는 거잖아."

미루도 한마디 툭 거들었다.
그 말에 경재 눈매가 일그러지더니 손도 부들부들 떨렸다.

하고 싶은 말을 입력할수록 자꾸만 오타가 나는 바람에 제대로 반박도 할 수 없었다.

"맞아! 경재 넌 실수 같은 거 안 해?"

"그러게 말이야! 앞으로 경재 네가 실수하는지 안 하는지 유심히 지켜볼 거야."

은재와 유리도 기자 편을 들자 경재는 억울해서 눈물이 날 것만 같았다. 그때, 여태껏 한마디도 없었던 소은이가 말했다.

"지금 중요한 건 잘잘못을 따지는 게 아니야. 단톡방을 나간 다진이와 현재에게 사과하는 게 우선이라고."

똑 부러지는 말에 다들 입을 꾹 다물어 버렸다. 그러곤 소은이 말대로 은재, 유리, 미루, 도준이가 다진이와 현재에게 각자 톡으로 사과를 했다. 한참 만에 둘이 단톡방으로 다시 돌아오긴 했지만, 아이들 모두 앙금이 단단히 남은 채였다. 특히 경재와 기자는 왕딱지 라이벌을 뛰어넘어 영원한 앙숙이 된 것만 같았다.

진짜 신문

 사회 시간, 선생님이 신문 기사 하나를 TV 화면에 띄웠다. 커다란 제목이 아이들 시선을 단번에 붙잡았다.
 '충격! 사건의 범인이 밝혀지다!
 "자, 여기 이 기사 좀 보렴. 내용을 읽은 사람이라면 여기 언급된 사람이 진짜 범인이라고 굳게 믿겠지?"
 "네! 근데 그 사람이 범인이 아니에요?"
 눈을 큼지막하게 뜨고 기자가 물었다.
 "그래. 이 기사 내용은 가짜로 밝혀졌단다."
 선생님이 말하자 아이들 입이 쩍 벌어졌다.

"정말요? 그럼 범인으로 지목된 사람은 어떻게 되는 거예요?"

"진짜 범인은 누군데요?"

"기사가 잘못될 리는 없잖아요."

아이들이 어깨를 움츠리고 한마디씩을 보탰다.

"신문 기사는 물론 뉴스도 모두 사람이 하는 일이라 얼마든지 잘못될 수 있어. 실제로 요즘 가짜 뉴스로 인한 피해가 아주 심각하단다."

선생님이 입매에 힘을 주며 말했다.

"그럼 누군가 일부러 가짜 뉴스를 만든 거예요? 왜요?"

"그런 사람은 혼내 줘야 하지 않아요?"

"가짜 뉴스와 진짜 뉴스가 섞여 있으면 어떻게 구분하죠?"

아이들 질문이 이어졌다.

"다행히 가짜 뉴스를 만드는 사람들은 벌을 받는단다. 하지만 이미 피해를 입은 사람들 고통은 이루 다 말할 수 없는 법이지. 그러니 우리 모두 진짜 뉴스만 만들고, 믿어야겠지?"

"네!"

당연하다는 듯 아이들이 입을 모아 대답했다.

"그런 의미에서 일주일에 한 번씩 마을 신문 만들기를 해 볼 생각이야. 너희들이 직접 기자가 되어 취재를 하고 신문을 만드는 거지. 어떤 기사라도 좋아. 다만 규칙은 지켜야 해! 진짜 뉴스만 실어야 한다는 것!"

선생님 말에 아이들이 눈을 끔뻑이며 골똘히 생각했다. 그러다 기자가 혼잣말처럼 말했다.

"진짜 뉴스만 싣는 건 너무 쉽지 않아요?"

다들 동의한다는 듯 고개를 끄덕였다.

"자, 진짜 신문 만들기에 참여하고 싶은 사람 손 들어 봐."

선생님의 말에 서로 눈치만 살필 뿐 아무도 손을 들지 않았다. 그때, 경재 눈에 얄미운 뒤통수가 쏙 들어왔다.

"선생님, 걱정 마세요! 우리 반엔 이미 기자가 있잖아요."

턱을 치켜들고 경재가 기자 쪽으로 힐긋 시선을 던지자 아이들이 키득 웃음소리를 냈다.

"너 지금 내 이름 가지고 놀리는 거야?"

주먹을 꼭 쥐고 기자가 몸을 기울였다.

"놀리다니? 난 어디까지나 진실을 말하고 있는 것뿐이야. 기자가 신문을 안 만들면 누가 만들겠어? 안 그래?"

능청스런 표정으로 경재가 말하자 아이들이 와르르 웃었다. 뾰족해진 기자 눈빛이 경재 쪽으로 휙 날아갔다.

"그럼 내가 안경재 너에 관한 기사를 잔뜩 실어 줄게. 특히 네 비밀들을 낱낱이 밝혀 줄 테니까 기대하고 있어!"

"뭐라고? 박기자, 너! 비밀을 신문에 싣는 건 반칙이야!"

경재 입이 툭 튀어나왔다.

"비밀이 진짜라면 상관없지, 안 그래?"

기자 말에 경재는 물론 다진이와 현재까지 입매를 일그러뜨렸다. '비밀'이란 말에 괜스레 마음이 불편해진 탓이었다.

"선생님! 기자가 하면, 저도 할게요. 박기자 비밀을 제가 모조리 밝혀 낼 거예요."

씩씩거리며 경재가 소리쳤다.

"자, 자! 진짜 신문은 일주일에 한 번씩 발행할 거니까 두 팀으로 나눠서 교대로 하는 게 좋겠어."

선생님이 조용하라는 손짓과 함께 말했다.

"전 박기자랑은 절대 같은 팀 안 해요!"

선언하듯 경재가 목청을 높였다.

"저도 마찬가지예요. 신상 왕딱지로 자랑만 하는 안경재랑

은 하기 싫어요! 보나 마나 모든 기사가 신상 왕딱지에 관한 것뿐일 테니까요."

기자도 지지 않고 소리쳤다.

"그럼 기자 팀과 경재 팀으로 나눠서 해 보자. 기자와 경재가 각자 팀을 꾸리고, 다음 주에 기자 팀이 먼저 진짜 신문을 발행하는 거야. 알겠지?"

선생님 말에 기자가 크게 고개를 끄덕였다. 앞으로 팔짱을 툭 끼며 경재가 기자를 노려보자, 둘의 눈빛이 공중에서 탁 부딪쳤다.

'왕딱지 자랑쟁이 안경재, 두고 보라지!'

'얄미운 반칙쟁이 박기자, 네 코를 납작하게 해 줄 테다!'

취재 회의

"우와! 치킨이다!"

꼬꼬치킨집에 모여 앉은 기자 팀 아이들이 손뼉을 치며 치킨을 반겼다.

"많이들 먹어!"

기자 아빠가 사람 좋은 웃음을 흘리며 말하자, 모두 입을 모아 대답했다.

"네! 잘 먹겠습니다!"

"기자 팀이라 얼마나 다행인지 몰라. 경재 팀이었으면 왕딱지나 볼펜 같은 걸 받았을 거잖아."

도준이가 닭다리 하나를 냉큼 집어 들며 말했다.

"그러게. 우리 팀이 훨씬 좋아. 근데 너희들 저쪽 팀 애들 누구누구인지 봤지?"

비밀이야기라도 하듯 유리가 눈을 게슴츠레 떴다.

"못 봤는데? 누군데?"

"혹시 경재 혼자 아냐?"

"나라면 경재 팀에 절대 안 들어갈 텐데."

한마디씩 보태고 다들 유리 대답을 기다렸다.

"현재, 다진이, 소은이, 그리고 경재!"

유리 말에 한꺼번에 웃음이 터져 나왔다.

"정말? 어떻게 그렇게 모인 거지? 서로 썩 친하지도 않잖아."

은재가 얼른 물었다.

"소은이는 워낙 똑부러지는 애니까 경재가 사정사정해서 합류시킨 거래."

"그럼 현재랑 다진이는?"

"그게 말이야……."

곤란하다는 듯 유리가 말끝을 늘렸다.

"뭔데? 얼른 말해 봐!"

성격 급한 미루가 유리 팔을 당겼다.

"현재와 다진이 비밀을 누설한 우리한테 복수하자고 경재가 설득했다잖아."

아이들 입이 쩍 벌어졌다.

"뭐라고?"

"그럼 보나마나 우리한테 불리한 기사만 쓸 거 아냐?"

콧김을 훅 뿜으며 미루가 입매를 씰룩였다.

"세상에! 고작 비밀 하나 말한 거 가지고 복수를 다짐했단 말이야?"

들고 있던 닭다리를 공중으로 휘두르며 도준이도 언성을 높였다. 유리 고개가 위아래로 움직이자, 아이들이 인상을 쓰며 불쾌한 기분을 드러냈다.

"그럼 우리도 가만있을 순 없지!"

기자가 진지한 얼굴로 한마디 하자 아이들 시선이 기자에게 휙 쏠렸다.

"좋은 아이디어라도 있어?"

미루가 얼른 말해 보라는 듯 물었다.

"경재팀 계획을 미리 알았으니 우리가 선제 공격을 하는 거야!"

"어떻게?"

"얄미운 경재 팀을 골려 줄 만한 기사를 쓰는 거지!"

앞으로 팔짱을 툭 끼며 기자가 아이들을 둘러봤다.

"그런 기사를 어떻게 쓴다는 거야?"

"선생님이 가짜 뉴스는 안 된다고 했잖아."

"그래. 신문 이름도 진짜 신문인데, 가짜 뉴스를 실을 순 없어."

아이들이 손사래를 치느라 분주해졌다.

"가짜 뉴스를 쓰는 게 아니야."

진정하라는 듯 기자가 손을 들어 올렸다.

"그럼?"

"경재 부모님이 운영하는 행복문방구를 관찰하다가 부정적인 기사를 쓰는 거지. 진짜 뉴스지만 행복문방구에 불리한 기사 말이야. 이를테면 숨기고 싶은 비밀이라든지."

작은 눈을 빛내며 기자가 말하자 아이들이 가만히 생각에 잠겼다. 그러다 또 다른 닭다리 하나를 집어 들며 도준이가 말했다.

"그래! 좋은 생각이야. 우리가 매일 행복문방구에 가서 자세히 관찰하다 보면 꼬투리를 잡을 수 있을 거야."

"특히 신상 왕딱지에 관해서 뭔가 비밀이 있을 것 같아!"

기자 말에 아이들 모두 동의한다는 듯 고개를 끄덕였다.

"앗! 호랑이도 제 말하면 온다더니, 저기 경재 지나간다!"

도준이가 닭다리를 들어 올려 밖을 가리켰다. 되똥되똥 걸어오는 경재가 천천히 턱을 치켜드는 게 보였다. 그러곤 고개를 뒤로 한껏 젖히고 공기를 들이마셨다.

"경재 지금 뭐 하는 거지?"

고개를 쑥 빼고 기자가 혼잣말처럼 중얼거렸다.

"너 몰랐어? 평소에 경재가 치킨을 엄청 먹고 싶어 한다는 거. 근데 특별한 날이 아니면 경재 아빠가 안 시켜 준대."

닭다리를 야무지게 입안으로 밀어 넣으며 도준이가 말했다.

"아 그래?"

좋은 생각이 났다는 듯 기자가 몸을 일으켰다. 그러곤 닭다리 하나를 집어 들고 밖으로 나갔다. 자꾸만 웃음이 새어 나오는 걸 틀어막으며 애써 표정을 가다듬었다.

"이게 누구야? 안경재네? 어디 가는 거야?"

어색한 말투로 기자가 말했다. 순식간에 경재 얼굴이 굳더니 입매에 바짝 힘이 들어갔다.

"내가 어디 가는지 알아서 뭐 하게?"

"바쁘지 않으면 닭다리 하나 먹어 보라고! 여기!"

김이 모락모락 나는 닭다리를 내려다보자마자 경재 입안에 침이 한가득 고였다. 눈빛이 흔들리는 걸 지켜보며 기자가 작게 웃음을 흘렸다. 하지만 이내 경재가 입술을 말아 넣더니 단호하게 말했다.

"나 배불러. 그리고 치킨은 어제도 먹었는걸. 바빠서 이만 갈게."

후다닥 달려가는 경재 뒷모습을 보며 기자가 참았던 웃음을 토해 냈다.

"크하하하하하!!! 너희들 봤어?"

안으로 들어서며 기자가 배를 잡고 웃었다.

"뭘?"

"경재 입가에 침 고인 거 말이야. 조금만 더 있었으면 뚝뚝 흘릴 뻔했다고!"

기자 말에 아이들이 신나게 따라 웃었다.

한편, 툴툴거리며 걷던 경재는 기자 욕을 한가득 뱉어 냈다.

"저 얄미운 녀석! 내가 앞으로 꼬꼬치킨 먹나 봐라! 흥!"

특종

다음 날, 하교 후 경재가 행복문방구로 들어섰다. 힘없이 걸어가 한쪽 구석에 있는 의자에 툭 내려앉았다.

"아빠, 나 배고파."

"그래? 여기 남겨 둔 빵 있는데, 먹을래?"

경재가 고개를 세차게 저었다.

"그럼 뭐 먹고 싶은데?"

"치킨!"

이번에도 보나마나 아빠가 '다음에!'라고 말할 것 같아 경재 입술이 미리 튀어나왔다.

"그래! 오늘은 장사가 꽤 잘됐으니 치킨 사 줄게."

경재 아빠가 환하게 웃었다. 그 말에 축 처졌던 경재 어깨가 단번에 솟아올랐다.

"정말? 야호! 드디어 치킨을 먹는구나!"

"그럼 기자 아빠한테 전화하면 되겠다."

휴대폰을 꺼내 들며 아빠가 말하자 경재가 얼른 손사래를 쳤다.

"안 돼! 안 돼!"

"왜? 우리 동네에서 꼬꼬치킨이 제일 맛있다고 소문이 자자한데?"

눈을 큼지막하게 늘리며 경재 아빠가 물었다.

"싫어! 난 꼬꼬치킨 절대 안 먹어."

기자의 얄미운 뒤통수를 떠올리며 경재가 주먹을 꼭 쥐고 말했다.

"그래? 그럼 옆 동네 푸드덕치킨 주문할까?"

"응! 난 앞으로도 꼬꼬치킨은 절대 안 먹을 거야."

다짐하듯 경재가 말하자, 아빠가 이유를 알 수 없다는 듯 고개를 기울였다.

잠시 후, 아이들이 우르르 문방구로 들어섰다.

"너희들 경재 친구들 아니냐?"

경재 아빠가 생긋 웃으며 반겼다.

"안녕하세요."

기자, 도준이, 미루, 은재, 유리가 어정쩡하게 고개를 까딱였다. 그때 구석에서 만화책을 읽던 경재 머리가 휙 솟아올랐다.

"너희들 여긴 웬 일이야?"

의심스런 눈빛을 던지며 경재가 물었다.

"넌 알 것 없어!"

고개를 휙 돌리며 기자가 말하자 경재가 씩씩거리는 소리를 냈다. 곧이어 기자 팀 아이들이 일제히 흩어져 행복문방구 안을 살피기 시작했다.

"뭐 찾는 물건이라도 있어?"

경재 아빠가 묻자, 다들 코를 씰룩이며 눈치만 살폈다.

"물건을 사러 온 게 아니라, 우리 동네 진짜 신문을 만들기 위해서 취재 온 거예요."

조심스레 유리가 대답했다.

"아하! 그래? 그럼 우리 행복문방구에 관해 멋진 기사 부탁한다."

경재 아빠 웃음소리가 공기를 데운 순간, 구석을 살피던 도준이가 큰 소리로 외쳤다.

"우와! 진짜 큰 왕딱지 들어왔네!!!"

"어디? 어디? 나도 좀 보자!"

"색깔도 엄청 멋지다!"

딱 하나뿐인 신상 왕딱지가 조명 아래 반짝 빛나고 있었다.

"이거 내가 사야지. 얼마예요?"

기자가 지갑을 꺼내며 물었다.

"아이고! 이거 미안해서 어쩌지?"

재빨리 다가온 경재 아빠가 기자 손에 들린 신상 왕딱지를 획 낚아채며 말했다. 셋이 눈을 끔뻑이며 쳐다보자 경재가 의기양양하게 웃었다. 순간 불길한 예감에 기자 눈매가 쓱 좁아졌다.

"사실은 신상 왕딱지가 샘플로 들어오면 무조건 우리 경재 주기로 약속했거든. 한 사흘 있다가 더 들어올 거니까, 너희들은 그때 살 수 있단다."

멋지게 빛을 내는 신상 왕딱지가 경재 손바닥에 획 올라앉았다.

"이건 불공평해요!"

한껏 들떴던 기자가 목청을 높였다.

"맞아요. 행복문방구 아들이라고 경재만 특별 대우를 받는 거잖아요."

"다른 아이들이 알면 분명 화낼걸요?"

"그러고 보니 매번 신상 왕딱지를 가져와서 나한테 결투 신청한 것도 아주 비열한 짓이었잖아! 다른 아이들이 살 수 없을 때 혼자만 가진 왕딱지로 일부러 대결한 거니까!"

기자가 경재를 노려보며 말하자 늘어선 아이들이 일제히 고개를 끄덕였다.

"얘들아, 사흘만 있으면 신상 왕딱지가 한가득 들어올 거니까 그렇게 화낼 필요 없어."

달래듯 경재 아빠가 차분히 말했다.

"아무리 사흘이라도 경재 혼자만 신상 왕딱지를 갖는 건 공평하지 못하죠."

유리가 따끔하게 한마디 했다. 더 이상 참기 힘들다는 듯 경재가 앞으로 발을 내민 순간이었다.

"어머, 이거 어제 뉴스에 나온 화장품 아냐?"

카운터 옆에 있는 선반에서 화장품 하나를 들어 올리며 은재가 물었다. 아이들이 얼른 은재 곁으로 달라붙었다.

"맞네! 유해 물질이 나온다는 그 화장품!"

"아이들 몸에 치명적인 영향을 미친다고 했잖아!"

"근데 이걸 행복문방구에서 팔고 있는 거야?"

"아이들 건강을 전혀 생각하지 않는다는 뜻이잖아!"

인상을 구기며 아이들이 한마디씩 뱉어 냈다.

"얘들아, 무슨 오해가 있나 본데? 어제 뉴스에 나온 어린이 화장품은 이것과는 달라! 케이스 모양과 색깔이 비슷하다고 혼동하면 곤란하단다."

이번에도 화장품을 낚아채며 경재 아빠가 말했다.

"너희들! 안 사면 그만이지 왜 남의 문방구에 와서 시비야?"

화를 폭발하듯 경재가 언성을 높였다.

"시비라니? 우린 지금 취재 중이야! 다음에는 너희 팀 차례니까 잘 봐 두라고!"

기자가 톡 쏘듯 말했다.

"취재 다 했으면 얼른 가!"

새를 쫓듯 경재가 손을 털어 댔다. 입을 비죽이며 아이들이 막 돌아섰을 때였다.

휙! 문이 열리더니 배달원 아저씨가 들어섰다.

"치킨 배달 왔습니다!"

카운터 옆에 척 내려앉은 비닐 봉지에 커다란 글자가 적혀 있었다.

'푸드덕치킨.'

"저기 건너편에 기자네 꼬꼬치킨이 떡하니 보이는데, 옆 동네 푸드덕치킨을 주문한 거야?"

놀란 얼굴로 은재가 중얼거렸다.

"그러게. 옆 동네 다팔아문방구가 훨씬 큰데도 우린 꼭 행복문방구만 왔었는데……."

경재를 보는 아이들 눈이 뾰족해졌다.

"애들아, 가자! 진짜 신문에 쓸 기사가 엄청 많아졌어!"

경재 들으라는 듯 기자가 말하곤 획 고개를 돌렸다. 뒤따르는 아이들 뒤통수를 보다 경재 눈매가 축 가라앉았다.

의심 신문

금요일 아침, 기자가 보조가방을 들고 교실로 들어섰다. 천천히 고개를 돌려 경재 자리를 확인한 후, 코를 씰룩였다.

"자! 아이들한테 나눠 줘!"

기자가 팀 아이들에게 신문을 건네며 말했다. 아이들이 재빨리 흩어져 복사한 신문을 나눠 주기 시작했다. 제일 처음 받아 든 소라 입이 커다래졌다.

"헛! 이거 진짜야?"

"왜? 무슨 일인데?"

엉덩이를 들썩이며 아이들이 소라 쪽으로 몸을 틀었다.

"뉴스에 나온 그 화장품을 행복문방구에서 팔다니······."

신문을 읽는 또 다른 아이가 소리쳤다.

"아이들 몸에 엄청 해롭다고 했잖아."

"뭐야? 신상 왕딱지는 무조건 경재 차지라고?"

"아이들에게 판매하기 전에 경재 혼자만 신상 왕딱지를 가진단 말이지?"

"너무 불공평해!"

미간에 주름을 잡으며 아이들이 하나둘 경재를 쩌려봤다.

"무······ 무슨 소리야······?"

뒤늦게 진짜 신문을 받아 든 경재가 허겁지겁 읽고는 버럭 화내듯 소리쳤다.

"기자 팀 너희들! 이건 진짜 뉴스가 아니라 가짜 뉴스잖아!"

그러자 기자가 팔짱을 끼며 턱을 치켜들었다.

"가짜 뉴스라니? 그거 행복문방구에서 직접 찍은 화장품 사진이야."

"뉴스에 나온 화장품이랑 분명히 다른데, 이렇게 나란히 흑

백으로 실으면 거의 똑같아 보이잖아!"

"그럼 다음 주에 너희 팀이 만들 때는 칼라 신문으로 만들어!"

얄밉게 입을 비틀며 기자가 말했다.

"기자 너, 다르다는 말은 쏙 빼고, 몸에 해로운 화장품 설명만 해 놓으면 어쩌자는 거야? 아이들이 오해하잖아."

콧구멍을 벌름거리며 경재가 반박했다.

"자세히 읽어 봐. 화장품 뒷면에 적힌 설명에 따르면 회사 이름은 다르지만 중국에서 만들었다는 공통점이 있다, 이렇게 밝혔잖아. 그럼 다들 이해할 거야."

입매를 끌어올리며 기자가 툭 말했다.

"중국에서 만든 물건들이 대부분인데 이렇게 써 놓으면 어떡해! 이건 오해하라고 일부러 그런 거잖아!"

"진짜 신문에 적힌 말 중에 가짜인 게 있어? 있으면 말해 봐!"

기자 말에 경재가 입술을 오물거렸다. 그러다 인상을 쓰며 경재가 뭐라고 말하려는 순간, 은재가 차가운 목소리로 불렀다.

"경재야!"

"왜?"

"신상 왕딱지 나오면 너만 며칠 동안 가지고 놀 수 있다는 것도 가짜 뉴스야?"

순간 당황한 듯 경재 입술이 쏙 말려들어갔다. 그러자 아이들이 너도나도 분통을 터트리기 시작했다.

"사실이었어?"

"공평하게 모든 아이들에게 같은 날 팔아야지, 왜 너만 특별 대우를 받는 거야?"

"신상 왕딱지 가졌다고 그렇게 자랑하더니…… 쯧쯧쯧."

고개를 절레절레 젓는 아이들 때문에 경재 귓불이 후끈 달아올랐다.

"아니…… 그런 게 아니라……."

그때 선생님이 들어섰다.

"왜 이렇게 소란스러워?"

"선생님, 행복문방구 정말 나빠요!"

경재를 째려보며 소라가 소리쳤다.

"왜? 행복문방구에서 무슨 일 있었어?"

"선생님도 진짜 신문 읽어 보세요. 깜짝 놀라실 거예요."

아이들이 교탁에 올려진 진짜 신문을 가리키자 선생님이 재빨리 읽어 내려갔다.

"경재야, 혹시 이게 다 사실이니?"

"그게…… 그러니까……."

우물쭈물하다 말끝을 흐린 경재를 보며 아이들이 다시 말을 뱉었다.

"앞으로 경재랑은 왕딱지 대결 절대 안 해!"

"행복문방구에서 화장품 절대 안 살 거야."

"난 행복문방구에 안 갈래!"

아이들 불만이 날아올수록 경재 눈에 눈물이 그렁그렁 차올랐다.

잠시 후, 쉬는 시간이 되자 아이들이 진짜 신문을 들고 옆 반 친구들에게 달려갔다.

"세상에! 행복문방구 진짜 나쁘다!"

"경재는 어떻고? 신상 왕딱지를 혼자 가지고 있다고 그렇게 자랑을 했다잖아."

"근데 신상 왕딱지를 경재가 사용한 후에 슬쩍 판매하는 거 아닐까?"

한 아이가 의심 가득한 눈빛으로 툭 말했다.

"헛! 그럴지도 모르겠다. 그럼 행복문방구는 경재가 사용한 물건을 다른 아이들에게 파는 건가?"

그렇게 의심이 순식간에 쌓이자 결국 가짜 뉴스가 돌기 시작했다.

"너희 그 이야기 들었어?"

급식 시간, 복도에서 옆 반 아이가 다른 아이에게 말했다.

"무슨 이야기?"

"행복문방구는 쓰던 물건만 판대!"

"정말? 어쩜 그럴 수가 있지?"

그때 경재가 복도를 지나가자 아이들의 매서운 눈빛이 화살처럼 날아들었다. 경재 어깨가 절로 움찔댔다.

'기자 녀석, 진짜 신문이 아니라 의심 신문을 만들었다 이 거지? 두고 봐라!'

주먹을 불끈 쥐고 경재가 인상을 썼다.

쥐쥐치킨

"경재야, 우린 어떤 기사를 실어야 할까?"

놀이터에 모인 아이들을 둘러보며 소은이가 물었다.

"당연히 꼬꼬치킨이지!"

비장한 얼굴로 경재가 말했다.

"지난 주 기자 팀이 만든 신문은 의도가 너무 뻔해!"

"그래, 행복문방구에 관한 내용만 실었잖아. '우리 마을 진짜 신문'인데 말이야!"

"척 봐도 기자가 경재를 엄청 싫어해서 일부러 그런 거지."

아이들 말에 경재 코가 더 심하게 씰룩거렸다.
"꼬꼬치킨을 철저히 감시했다가 기사를 써야 해!"
경재 말에 다들 고개를 끄덕였다.
"자, 얼른 꼬꼬치킨에 가 보자!"
아이들이 우르르 꼬꼬치킨 앞으로 달려갔다. 입맛을 자극하는 치킨 냄새가 아이들 코로 훅 빨려 들어오자, 입안에 침이 한가득 고였다. 침을 꼴깍 삼킨 경재가 유리문 너머로 목을 길게 뺐다. 기자 아빠가 열심히 닭을 튀기고 있었다.
"근데 꼬꼬치킨에 관해 쓸 만한 기사가 있을까? 우리 동네에서 꼬꼬치킨이 젤 맛있고, 장사도 잘 되잖아."
다진이가 고개를 갸웃거렸다.
"그러게. 기자 친구라고 말하면 신상 메뉴 서비스도 주고, 쿠폰을 모아서 주문해도 늘 친절하잖아…… 과연 트집 잡을 만한 게 있을까?"
"없을 거야. 어른들이 다들 기자 아빠를 칭찬하던걸? 부지런하고 친절하다고."

입맛을 쩝 다시며 아이들이 발길을 돌리려던 순간이었다. 속이 부글부글 끓어서 참을 수 없던 경재 눈이 반짝 빛을 냈다. 마침 가게 옆에 떨어진 회색 깡통을 보자 좋은 아이디어가 떠올랐다.

"으악!!!"

난데없이 경재가 소리를 빽 질렀다.

"왜? 무슨 일이야?"

어깨를 움츠리고 아이들이 경재 옆에 달라붙었다.

"너희들 못 봤어?"

"뭘?"

"커다란 쥐 말이야! 방금 꼬꼬치킨에서 후다닥 나왔잖아."

손가락으로 문을 가리키며 경재가 소리쳤다. 그러고 보니 슬쩍 열린 문틈이 제법 커 보였다.

"난 못 봤는데?"

현재가 눈을 끔뻑이며 말했다.

"나도 못 봤어."

"나도."

소은이와 다진이가 이상하다는 듯 경재를 쳐다봤다. 눈꺼풀을 파르르 떨던 경재가 짐짓 진지한 목소리를 냈다.

"그럼…… 내가…… 내가 거짓말이라도 한다는 거야?"

"아니, 그런 뜻이 아니라…… 커다란 쥐가 지나갔는데 왜 우리는 못 봤나 싶어서."

변명하듯 다진이가 중얼거렸다.

"너희들은 다 저쪽을 쳐다보고 있었으니까 그렇지. 내가 똑똑히 봤다고!"

"경재가 본 게 확실하겠지…… 헛! 그럼 꼬꼬치킨에 쥐가 산다는 거야?"

토하는 시늉을 하며 현재가 부산을 떨었다. 옆에 선 소은이도 덩달아 인상을 구기고 꼬꼬치킨 간판을 째려봤다.

"나…… 어제 꼬꼬치킨 먹었는데……."

다진이가 울먹이자 아이들이 일제히 등을 토닥였다.

"봤지? 꼬꼬치킨은 엄청 더럽다고! 이걸 기사로 써야지."

획 몸을 돌리며 경재가 혼자 조용히 웃었다.

금요일 아침, 경재 팀 아이들이 진짜 신문을 나눠 주며 기자를 흘깃거렸다. 불쾌한 시선이 날아들자 기자가 눈을 희번덕댔다.
"왜 자꾸 날 쳐다보는 거야?"
입매를 비틀며 기자가 신문을 받아들었다.
"헉!!!! 이게 뭐야?"
기자 눈이 커다래졌다.
"꼬꼬치킨에 쥐가 산다고?"
"으악! 더러워!"
"혹시 쥐가 먹던 치킨 아냐?"
너도나도 기자를 째려보며 씩씩거리는 소리를 냈다.
"경재 너!!!!"
벌떡 일어선 기자가 사납게 소리쳤다.
"왜?"

일부러 태연한 표정을 지으며 경재가 대답했다.

"이거 가짜 뉴스잖아! 우리 가게에 쥐가 산다니, 증거 있어?"

"거기 꼬꼬치킨이라고 적혀 있어? 난 아무리 봐도 꼬꼬치킨이란 말은 못 찾겠던데."

"뭐라고? 여기 이렇게 적혀 있잖아. 동네에서 가장 인기 많은 치킨 집이자, 신상 메뉴가 다양한 가게다. 아들 친구라고 말하면 신상 메뉴를 서비스로 주는 곳이기도 하다! 이런데도 발뺌할 셈이야?"

경재를 밀치려는 듯 기자가 훅 달려들었다.

"이 세상에 그런 치킨집이 꼬꼬치킨 하나 뿐이야? 네가 꼬꼬치킨 이야기라고 확신하는 거 보니까, 뭐 찔리는 거라도 있는 모양인데?"

"뭐야? 행복문방구 기사 쓴 것 때문에 복수하는 거 누가 모를 줄 알아?"

벌겋게 달아오른 얼굴을 빳빳이 들고 기자가 외쳤다.

"복수라니? 너흰 일부러 가짜 뉴스를 쓴 거고, 우린 진짜 뉴스를 쓴 거야. 너희처럼 비열한 짓은 안 한다고!"

기자를 휙 밀치고 경재가 교실 밖으로 나갔다. 억울해서 눈물이 날 것 같아 기자는 주먹을 부르르 떨었다.

그 후, 쉬는 시간마다 아이들이 옆 반 친구들에게 신문을 보여 주느라 난리가 났다. 소문은 순식간에 퍼져 나가더니, 하교할 때쯤 되자 아이들 모두 꼬꼬치킨 대신 '쥐쥐치킨'이라며 속닥거렸다. 그 소리가 들릴 때마다 기자 머리꼭지가 후끈 뜨거워졌다.

신고합시다!

그 다음 주, 기자 팀은 또다시 행복문방구에 관한 의혹을 담은 진짜 신문을 발행했다. 몸에 해로운 간식을 판다는 것과 경재가 가지고 놀던 신상 왕딱지를 누군가 사는 것을 봤다는 내용이었다.

이에 질세라 경재 팀도 꼬꼬치킨에 관련된 부정적인 기사를 실었다. 쿠폰을 모아 주문했더니 치킨이 한두 개 부족해 보였다는 것과, 가게 앞에 바퀴벌레가 지나가는 걸 봤다는 행인의 말을 언뜻 들은 것도 같다는 내용, 기자 아빠가 손을

열심히 씻지 않는 것 같다는 의혹까지 다양했다.

　서로 감정이 상할 대로 상한 아이들은 상대 팀을 비난하거나 째려보며 욕을 하기 바빴다. 그럴수록 교실 분위기도 갈수록 냉랭해지고 있었다.

　1교시 수업 시간, 선생님이 교실로 들어서며 고개를 갸웃거렸다.

　"예전엔 우리 반에서 늘 웃음소리가 들렸었는데, 왜 이렇게 조용하지?"

　아이들은 선생님 눈치만 살피며 입을 꾹 다물었다. 곧이어 선생님이 교탁 위에 있는 진짜 신문을 발견하고 눈매를 늘렸다.

　"아참! 선생님이 바빠서 진짜 신문을 못 챙겼네. 어디 보자. 우리 동네 유익한 소식을 많이 실었겠지?"

　쌓인 신문을 들어 올려 읽어본 선생님이 이내 얼굴을 찡그렸다.

　"세상에! 기자랑 경재, 이게 다 사실이야?"

선생님 물음에 기자와 경재가 입술을 뾰족하게 모았다.

"대부분은 사실이에요……."

"거의…… 사실이라고 할 수 있죠……."

둘 다 확신 없이 대답하곤 시선을 멀리 던졌다.

"너희들, 가짜 뉴스를 만들고 유포하면 벌 받는 거 알고 있지?"

표정을 딱딱히 굳히며 선생님이 말하자 기자 팀과 경재 팀 아이들 모두 어깨를 쓱 말아 넣었다.

"어떤 벌을 받는데요?"

궁금하다는 듯 도준이가 물었다. 선생님이 얼른 자료를 띄우자, '명예훼손죄'라는 글자가 화면을 가득 채웠다.

"가짜 뉴스로 누군가의 명예를 훼손했을 경우에 법적으로 책임을 물게 되어 있어. 만약 행복문방구와 꼬꼬치킨에 대해 가짜 뉴스를 만들고 유포했다면 두 가게 주인의 명예를 훼손한 게 되는 거지."

"그럼 감옥에 가는 거예요?"

다진이가 화들짝 놀라며 물었다.

"그럴 수도 있지. 혹은 벌금을 내야 할지도 몰라."

선생님 말이 끝나자마자 두 팀 아이들 모두 울상을 지었다.

"내가 뭐랬어! 과장해서 쓰는 건 하지 말자고 그랬잖아!"

화내듯 현재가 소리쳤다.

"먼저 시작한 건 기자 팀이라고!"

경재가 얼굴을 구기며 대꾸했다.

"너희들 때문에 우리 아빠가 얼마나 힘들어하는 줄 알아? 쥐쥐치킨이라는 소문 때문에 장사도 안 된다고!"

억울한 목소리로 기자가 쏘아붙였다.

"쳇! 그건 우리 아빠 가게도 마찬가지야!"

경재 말에 선생님이 걱정스런 눈으로 쳐다봤다.

"기자 팀, 경재 팀! 너희 모두 앞으론 가짜 뉴스 만들면 안 돼! 알겠지?"

"네……."

아이들이 기어들어가는 목소리로 대답했다.

하교 후, 바닥을 툭툭 차 대며 기자가 꼬꼬치킨 쪽으로 걸어가고 있었다. 뒤에서 걸어오던 경재가 뾰족한 돌멩이를 발견하곤 휙 차 버렸다.

툭!

기자 가방에 돌멩이가 부딪치자, 미간을 찡그린 기자가 무섭게 째려봤다.

"경재 너, 돌멩이 일부러 던졌지?"

"아…… 아냐! 그냥 발로 살짝 찼을 뿐이야!"

손사래를 치며 경재가 말했다.

"거짓말하지 마! 가짜 뉴스도 일부러 써 놓고 변명했잖아."

'가짜 뉴스'라는 말에 경재 눈썹이 쑥 솟아올랐다.

"너야말로 가짜 뉴스를 일부러 썼잖아. 내가 사용한 신상 왕딱지를 판매한다느니, 우리 가게에서 파는 간식을 먹으면 배탈이 난다느니, 그거 다 거짓말이잖아!"

고개를 한껏 들어 올리고 경재가 목소리를 높였다.

"그거야 뭐……."

기자가 뭐라고 변명을 하려는 찰나, 휙! 꼬꼬치킨 문이 열리며 경재 아빠가 들어서는 게 보였다. 동시에 눈이 동그래진 경재와 기자가 꼬꼬치킨 문 옆에 척 달라붙었다.

"혹시……."

기자가 파르르 떨리는 목소리로 말했다.

"혹시…… 뭐?"

경재가 빨리 말하라는 듯 재촉했다.

"명예훼손죄……?"

"헛!!! 가짜 뉴스 때문에 피해를 입었으니 서로 명예훼손죄로 신고하려는 걸까?"

"그런가 봐. 우리 이제 어쩌지?"

둘의 눈매가 축 처졌다.

"아! 경재 아빠 오셨어요? 앉으세요. 치킨 좀 드시겠어요?"

기자 아빠가 꾸뻑 인사했다.

"기자 아빠! 저기……."

경재 아빠가 할 말이 있다는 듯 뜸을 들였다.

"진짜 신고하러 온 건가 봐!"

기자가 경재에게 귓속말로 말했다.

"무슨 일이신데요? 일단 앉으세요. 저도 출출하던 참이라 같이 치킨 좀 드세요."

기자 아빠가 테이블 위에 따끈한 치킨을 내려놓았다. 치킨 냄새를 맡자마자 경재가 침을 꼴깍 삼켰다.

"요즘 장사 잘 되세요?"

의자에 내려앉으며 경재 아빠가 진지하게 물었다.

"아뇨! 무슨 일인지 주문전화도 거의 오지 않고, 가게에 오는 손님도 확연히 줄었어요."

난감하다는 얼굴로 기자 아빠가 대답했다.

"저희 가게만 그런 게 아니군요?"

"행복문방구도 장사가 잘 안 되나요?"

"네. 몇 주 전부터 갑자기 장사가 안 되어서 걱정이랍니다. 이런 식이면 가게 문을 닫아야 할지도 모르겠어요."

경재 아빠 입매가 아래로 쓱 당겨졌다. 밖에서 지켜보던 경재와 기자 입매도 덩달아 툭 떨어졌다. 그때였다!

"이 가게가 맞는 것 같은데?"

낯선 아저씨가 꼬꼬치킨 간판을 확인하곤 안을 살폈다. 잔뜩 몸을 움츠린 기자와 경재가 옆으로 물러서며 길을 내어주었다. 아저씨가 얼른 문을 두드렸다.

똑!똑!

기자 아빠가 벌떡 일어서는 게 보였다.

"저 아저씨는 누구지?"

경재가 고개를 갸웃거렸다.

"손님이면 좋겠다. 예전처럼 장사가 잘되면 소원이 없을 텐데……."

두 손을 꼭 모으고 기도하는 시늉을 하며 기자가 말했다.

"어서 오세요! 치킨 사러 오셨나요?"

기자 아빠 말에 낯선 아저씨가 고개를 까딱했다.

"실례합니다. 저는 팩트신문 기자입니다. 이 동네에 쥐가 나온 치킨집과 유해한 물건을 파는 문방구가 있다고 해서 취재차 왔는데요. 이 치킨집과 맞은편 문방구가 확실한 것 같군요."

아저씨가 수첩을 꺼내 들며 말했다. 경재 아빠와 기자 아빠 눈이 동그래졌다.

"우리 가게에서 쥐가 나왔다고요? 뭔가 오해가 있으신 것 같은데요."

"우리 문방구는 유해한 물건을 팔지 않아요."

둘 다 억울한 얼굴로 똑 부러지게 대답했다. 지켜보던 경재와 기자 얼굴이 순식간에 어두워졌다.

"여기 좀 보세요! 누군가 인터넷에 이렇게 올렸더라고요. 쥐와 바퀴벌레가 나온 치킨 집, 유해 화장품과 간식은 물론, 아들이 사용한 왕딱지를 판매하는 문방구가 있다고 말이죠. 동네 이름을 밝혀 놓았기에 제가 주변을 다 둘러봤습니다. 물론 가게 이름을 가리긴 했지만 다들 알아볼 수 있을 정도더라고요."

아저씨가 휴대폰으로 글과 사진을 보여 주며 설명했다.

"그러고 보니 이런 가짜 뉴스 때문에 장사가 안 된 게 틀림없군요!"

기자 아빠가 주먹으로 테이블을 가볍게 내리쳤다.

"그런가 봐요. 몇 주 동안 손님이 거의 없어서 답답했는데, 원인은 이 가짜 뉴스군요. 당장 신고합시다!"

벌떡 일어선 경재 아빠가 소리쳤다.

"맞아요! 이건 명백한 가짜 뉴스이자 명예훼손입니다!"

기자 아빠도 맞장구를 치며 인상을 썼다. 그 말에 입이 쩍 벌어진 경재와 기자는 서로 눈을 맞추곤 눈물을 글썽였다.

"이제 어떡해? 신고한다잖아!"

"기자 너 때문에 이렇게 된 거야!"

눈을 흘기며 경재가 톡 쏘았다.

"이게 왜 나 때문이야? 처음부터 네가 신상 왕딱지로 잘난 척만 안 했어도 이런 일은 없었을 거라고!"

"너희 팀이 먼저 가짜 뉴스를 실었잖아!"

"너희 팀도 마찬가지면서 뭘 그래?"

둘이서 티격태격 팔꿈치로 밀어 대며 말싸움을 했다.

다음 순간 기자 아빠와 경재 아빠가 문으로 다가오는 게 보였다. 기자가 얼른 경재 팔을 잡아끌고 안으로 들어섰다.

"아빠! 사실은요……."

어른들 시선이 기자와 경재 얼굴에 콕콕 박혔다. 그 바람에 기자 입술이 딱 달라붙은 것 같았다.

"사실은요……."

이번엔 경재가 털어놓으려 입을 열었지만 말문이 막히긴 마찬가지였다.

"너희들이 여긴 왜 온 거야?"

"무슨 일이야?"

연신 질문이 날아들었지만 둘 다 눈알만 굴려 댈 뿐이었다.

그러다 한참 후, 둘이 마침내 진짜 신문 이야기를 털어놓았다.

인터넷 기사

그날 오후, 뉴스 기사 하나가 인터넷을 뜨겁게 달구었다.

어느 초등학교 사회 시간에 아이들이 〈우리 마을 진짜 신문〉을 만들었다. 그런데 신문에 실린 기사들이 모두 가짜 혹은 의혹인 걸로 밝혀졌다. 이로 인해 해당 신문이 지목한 ○○치킨과 ○○문방구는 직격탄을 맞았다. 한 달째 손님 발길이 뚝 끊겨 폐업을 앞두고 있다. ○○치킨 주인과 ○○문방구 주인은 자신들의 자녀들이 이 사건에 연루된

탓에 억울함도 제대로 호소하지 못하고 있는 실정이다. 가짜 뉴스가 활개 치는 안타까운 사회상을 아이들이 그대로 재현한 것일까? 혹은 단순한 장난이 나비효과를 불러온 것일까? 이 사건의 진실은 가짜 신문을 만든 아이들만 알고 있지 않을까? 진실이 무엇이건 아이들마저 가짜 뉴스를 만들어 유포하는 요즘 현실이 씁쓸하기만 하다.

뉴스 아래 댓글이 눈 깜짝할 사이에 길게 이어졌다.

〈아이들은 어른들의 거울이라고 하더니, 가짜 뉴스까지 따라할 줄이야!〉
〈이 사건은 단순한 장난이라고 하기엔 너무 지나치다. 아이들도 따끔하게 혼나야 한다.〉
〈가짜 뉴스를 만들어 유포하면 꼭 처벌을 받아야 한다는 걸 아이들에게 알려 주자.〉
〈자신들이 만든 가짜 뉴스로 부모님 가게가 폐업 직전이라고 하

니 그 아이들도 충분히 후회하고 반성하지 않을까?〉

〈가짜 뉴스는 반드시 뿌리 뽑아야 한다!〉

곧이어 기자네 반 단톡방에 도준이가 메시지를 남겼다.

"너희들 그 기사 봤어?"

"무슨 기사?"

"우리가 만든 진짜 신문에 관한 뉴스 말이야."

도준이가 링크를 걸자, 확인한 아이들이 난리가 났다.

"댓글에 우리를 비난하는 말들이 엄청 많아."

"세상에! 꼬꼬치킨이랑 행복문방구 문 닫는 거야?"

"진짜 신문에 실린 걸 사람들이 믿을 줄은 몰랐어."

"우리가 가짜 뉴스를 만든 사람들이라니……."

울상이 된 아이들이 믿을 수 없다는 듯 한마디씩 이어 갔다.

"기자랑 경재…… 너희 가게는 어떻게 되는 거야?"

조심스럽게 은재가 물었다.

"오늘도 손님이 거의 없어."

고개를 톡 꺾으며 기자가 말했다.

"우리 아빠도 마찬가지야. 조만간 가게 문을 닫아야겠다고 하더라고."

힘없이 메시지를 입력한 경재가 눈물을 툭 떨궜다.

"이럴 줄 알았으면 진짜 기사만 쓰는 건데……."

다진이가 어깨를 늘어뜨리며 말했다.

"그러게. 우리 동네에서 젤 맛있고 친절한 꼬꼬치킨이 없어지면 너무 아쉬울 것 같아."

"행복문방구는 어떻고! 지난번에 준비물 값이 부족해서 사정했더니 경재 아빠가 나중에 갚으라고 해 주셨는데."

"두 가게 모두 칭찬할 거리가 엄청 많은데, 우리 때문에 사라지는 거야?"

미루 말에 다들 입술만 씹으며 가만히 있었다. 그러다 한참만에 기자가 한마디 했다.

"경재야…… 미안! 네가 신상 왕딱지 자랑하는 게 너무 얄

미워서 그랬어. 뉴스에 나온 해로운 화장품을 파는 것도, 네가 쓰던 왕딱지를 판매한다는 것도 다 사실이 아닌데……."

후회 가득한 말을 내어놓고 나니 더 서러워진 기자였다. 후끈 달아오른 기자 눈에서 눈물이 툭툭 떨어졌다.

"나도 미안! 꼬꼬치킨 앞에서 쥐나 바퀴벌레를 본 적도 없는데…… 그냥 네 코를 납작하게 해 주고 싶어서 그만…… 사람들이 믿을 줄은 정말 몰랐어……."

옷소매로 눈가를 쓱 닦아 내며 경재가 메시지를 입력했다.

"다시 원래대로 돌릴 수 있는 방법은 없는 걸까?"

가슴을 콩콩 쳐 대며 유리가 한마디 툭 내뱉었다. 아이들 모두 입만 비죽이고 있을 때, 기자 고개가 휙 올라갔다.

"아! 이렇게 하면 어떨까?"

"어떻게?"

아이들이 동시에 물었다. 기자가 눈을 반짝이며 메시지를 입력했다.

"일단 우리 집으로 모여 봐!"

팩트 신문

다음 날, 교실에 들어선 기자 손에는 종이가 한가득 들려 있었다.

"얘들아! 이 신문 읽어 봐! 우리 팀과 경재 팀이 어제 저녁에 다 같이 만든 신문이야!"

신문을 받아 든 아이들 눈에 호기심이 들어찼다.

"팩트 신문?"

"원래 이름은 진짜 신문 아니었어?"

아이들이 물었다.

"그동안 우리가 만든 건 이름만 진짜 신문이었어. 이번 건 이름은 물론 내용도 진짜인 팩트 신문이지."

기자 말에 아이들이 고개를 끄덕이며 신문을 읽기 시작했다.

"그럼 소문이 다 가짜였던 거구나? 꼬꼬치킨에서 쥐와 바퀴벌레가 나왔다는 것도, 행복문방구에서 사용하던 물건을 판다는 것도 말이야."

"우리 부모님은 그 소문 때문에 꼬꼬치킨 절대 안 먹겠다고 하던데?"

"우리 엄마도 행복문방구 대신 옆 동네 다팔아문방구에서 학용품을 사 왔어."

"근데 팩트 신문으로 이전 소문을 다 덮을 수 있을까?"

고개를 갸웃거리며 아이들이 묻자, 경재가 몸을 벌떡 일으켰다.

"그래서 소문이 다 사라질 때까지 우리가 팩트 신문을 만들어서 동네 사람들에게 나눠 줄 예정이야. 그럼 꼬꼬치킨과 행복문방구가 계속 장사를 할 수 있을지도 모르니까…….”

슬쩍 내려앉은 경재 입매를 보며 아이들이 안타까운 표정을 지었다.

"그럼 우리 반 모두 팩트 신문 나눠 주는 일을 함께 하자!"

소라 말에 아이들이 흔쾌히 동의했다.

하교 후, 기자네 반 아이들이 팩트 신문을 들고 일제히 흩어졌다. 기자와 경재가 벤치에 앉은 아주머니들 무리로 다가갔다.

"안녕하세요! 우리 마을 팩트 신문 좀 읽어 보세요!"

신문을 읽은 아주머니들 눈이 동그래졌다.

"세상에! 그 소문이 다 거짓말이었구나? 하마터면 가짜 뉴스에 깜빡 속을 뻔 했네."

"그러게 말이야. 꼬꼬치킨과 행복문방구 주인들은 얼마나 억울할 거야."

"가짜 뉴스를 만든 사람들을 따끔하게 혼내 줘야 해!"

마지막 말에 기자와 경재 둘 다 어깨를 쓱 모았다.

"너희들 정말 좋은 일을 하는구나."

아주머니들이 기특하다는 듯 둘의 머리를 쓰다듬었다. 꾸뻑 인사하고 돌아선 길, 멋쩍은 얼굴로 경재가 기자에게 말했다.

"이제 우리 한 팀이네?"

"한 팀?"

"응. 팩트 신문을 함께 만들고 나눠 주는 팀!"

"그렇네. 그럼 우리 팀 이름은 '꼬꼬행복' 팀 어때?"

기자가 장난스레 웃었다.

"아니지! '행복꼬꼬' 팀으로 해야지!"

"꼬꼬행복 팀이 낫지!"

둘이 팔꿈치로 슬쩍 밀며 웃어 댔다.

"기자야, 행복문방구 가자!"

경재가 기자 손을 잡아끌며 말했다.

"왜?"

"우리 아빠가 약속했거든. 우리 동네에서 제일 맛있는 꼬꼬치킨 주문해 주기로."

"그래! 가자! 먼저 도착하는 사람이 이기는 거야!"

기자가 쌩 먼저 달려갔다. 경재가 콧구멍을 벌름거리며 뒤를 쫓았다. 키득키득 작은 소리가 새어 나오다 이내 호탕한 웃음소리가 동네에 퍼져 갔다.